# FERNANDO BARACALDO ALBA

## DICCIONARIO DE RIMAS

FERNANDO BARACALDO ALBA

# DICCIONARIO DE RIMAS

JustFiction Edition

**Imprint**
Any brand names and product names mentioned in this book are subject to trademark, brand or patent protection and are trademarks or registered trademarks of their respective holders. The use of brand names, product names, common names, trade names, product descriptions etc. even without a particular marking in this work is in no way to be construed to mean that such names may be regarded as unrestricted in respect of trademark and brand protection legislation and could thus be used by anyone.

Cover image: www.ingimage.com

Publisher:
JustFiction! Edition
is a trademark of
Dodo Books Indian Ocean Ltd. and OmniScriptum S.R.L publishing group

120 High Road, East Finchley, London, N2 9ED, United Kingdom
Str. Armeneasca 28/1, office 1, Chisinau MD-2012, Republic of Moldova, Europe
Printed at: see last page
**ISBN: 978-620-6-74205-0**

# DICCIONARIO

# DE RIMAS

FERNANDO BARACALDO ALBA

## Anotaciones sobre un libro que pretende ser de gran utilidad

El propósito del presente DICCIONARIO es el de ofrecer ayuda a todas aquellas personas que utilizan la rima en sus composiciones poéticas, dígase décimas, sonetos y otras más.

Virgilio López Lemus* en su libro **MÉ TRI CA, verso libre y poesía experimental de la lengua española,** págs. 84-93 hace una pormenorizada explicación de lo que es RIMA. Recomiendo a los lectores que tomen en consideración la búsqueda y lectura de dichas anotaciones. Solo transcribo la primera de sus estrofas:

*"La rima consiste en la repetición de sonidos iguales o semejantes a partir de la última vocal acentuada del verso. Posee un valor estilístico, con especial función dentro del poema, por su carácter eufónico. Es un notable tipo de eufonía, tanto al final de los versos como en la rima interna. Navarro Tomás anota que, según la preceptiva tradicional:*

a) *Una palabra no debe ser consonante de sí misma.*

b) *Es débil o pobre la rima en que figura la misma palabra con acepciones distintas.*

c) *Deben evitarse en fin de verso las palabras inacentuadas*

d) *La rima es tanto menos eficaz cuando más obvia y fácil parece.*

e) *No es costumbre emplear la misma rima en tres o más versos consecutivos.*

f) *En las asonancias pueden alternar vocales y diptongos y, asimismo, palabras llanas y esdrújulas, pero no agudas y llanas."*

Versos sencillos escrito por el Apóstol cubano José Martí donde utiliza la rima en cada una de las cuartetas.

Si ves un monte de espumas,
Es mi verso lo que ves:
Mi verso es un monte, y es
Un abanico de plumas.

Mi verso es como un puñal
Que por el puño echa flor:
Mi verso es un surtidor
Que da un agua de coral

Mi verso es de un verde claro
Y de un carmín encendido:
Mi verso es un ciervo herido
Que busca en el monte amparo.

Mi verso al valiente agrada:
Mi verso, breve y sincero,
Es del vigor del acero
Con que se funde la espada.

F.B.A.

*Virgilio López Lemus (Fomento, Sancti Spiritus, 1946). Es Doctor en Ciencias Filológicas, profesor universitario e investigador titular, poeta, ensayista, crítico literario y de arte, traductor y académico titular de la Academia de ciencias de Cuba.

# RIMAS

# A

Á- da, maná, saldrá, va, ya.

ABA- acaba, alaba, alagaba, andaba, arrugaba, asomaba, arrastraba, ayudaba, bañaba, bailaba, besaba, callaba, cambiaba, cantaba, cavilaba, continuaba, dejaba, descansaba, deseaba, despertaba, dibujaba, enamoraba, esperaba, estaba, gozaba, guayaba, hablaba, hallaba, importunaba, jugaba, labraba, llegaba, llevaba, lloraba, miraba, murmuraba, pasaba, pensaba, planchaba, quebraba, respiraba, soñaba, sollozaba, sonaba, surcaba, traba, trabajaba, usaba, volaba.

ABAN- acaban, ahogaban, armonizaban asomaban, arrastraban, ayudaban, bailaban, callaban, dejaban, descansaban, deseaban, dibujaban enroscaban, fiesteaban, graban, hablaban, incrustaban, juntaban, jugaban, labraban, llenaban, llevaban, lloraban, mezclaban miraban, opacaban, rasgaban, respiraban, soñaban, sollozaban, sonaban, trabajaban.

ABE- cabe, sabe.

ABIOS- astrolabios, labios.

ABO- alabo, cabo, grabo, trabo, Yayabo.

ABLE- afable, agradable, intratable, miserable.

ABRA- abra, amarra, cabra, desgarra, jarra, labra, palabra.

ABRE- abre, labre.

ACA- estaca, opaca.

**ACE(S)**- amenaces, disfraces, enlaces, fugaces, haces, paces, pertinaces, renace.

**ACEN**- deshacen, hacen, nacen, yacen.

**ACIO**- despacio, espacio, palacio, topacio.

**ACTA**- compacta, exacta, impacta, pacta, refracta, retracta.

**AD**- antigüedad, Caridad, ciudad, debilidad, edad, eternidad, heredad, humedad, identidad, lealtad, maldad, oquedad, soledad, verdad, voluntad.

**ADA**- abismada, abrumada, acabada, acompasada, acostada, acribillada, adormilada, afilada, agitada, agrada, airada, ajustada, alada, alborada, alcanzada, almohada, alzada, amada, amargada, amontonada, amortajada, amurallada, anacarada, angustiada, anillada, anudada, ampara, apagada, apasionada, apiadada, aplastada, apresurada, apretada, aprisionada, arbolada, armada, arrojada, asomada, asombrada, avergonzada, azulada, bañada, balaustrada, bandada, bienaventurada, bordada, calada, callada, casada, cascada, celada, cerrada, cifrada, colocada, colorada, constelada, creada, comparada, condenada, compactada, comparada, consagrada, cortada, crinada, cristalizada, cuajada, cuartada, dada, dejada, demacrada, depositada, derramada, desplegada, desatada, desbordada, deseada, desecada, desencantada, desesperada, desgastada, desgobernada, deslizada, delicada, desolada, despeinada, desplegada, despojada, desposada, desterrada, dibujada, dilatada, disparada, dorada, duplicada, embachada, embalsamada, embriagada, emboscada, emponzoñada, enamorada, encadenada, encantada, encarcelada, encarnada, encerrada, encontrada, engarzada, enlazada, enlutada, enmarañada, enojada, enroscada, ensortijada, entrada, escanciada, escriturada, espada, estacada, estirada, evocada, fachada, fatigada, garabateada, gozada, grada, granada, guardada, habitada, hablada, hada, helada, ignorada, imaginada, inclinada, idolatrada, ignorada, inflada ,inflamada, insultada, invocada, jornada, levantada, liberada, libertada, lavada, llamada, madrugada, maltratada, marchitada, matizada, mirada, mojada, morada, nacarada, nada, nevada, obligada, olvidada, ondulada, orillada, osada, pasada, perfumada, penada, pesada, pincelada, pintada, pisada, portada, postrada ,puñalada, puntada, quemada, rada, radiada, realizada, regalada, respetada, reservada, retrasada, retratada, realzada, realizada, realzada, rizada, rosada, sagrada, salada, salpicada, sepultada, soportada, sonrosada, soterrada, tablada, trastornada, transformada, trenzada, trocada, turbada, vedada, volada.

**ADE(S)-** bondades, ciudades, iniquidades, maldades, necedades, soledades, verdades.

**ADO-** abismado, abrazado, abrillantado, abrumado, acabado, acribillado, acompasado, acostado, acostumbrado, acumulado, adorado, adormilado, afilado, agitado, agrado, airado, ajustado, alado, alcanzado, alterado, alumbrado, alzado, amado, amargado, ambulado, amontonado, amortajado, amurallado, amparo, anacarado, angustiado, anillado, anudado, ansiado, añejado apagado, apasionado, apiadado, apresado, apresurado, apretado, aprisionado, apurado, arado, arbolado, argentado, armado, arrojado, asaeteado, asomado, asombrado, aterrado, avergonzado, azorado, azulado, beneficiado, bienaventurado, bocado, bordado, brocado, calado, callado, cambiado, cansado, cantado, cargado, casado, celebrado, cerrado, cifrado, colorado, comparado, condecorado, consumado, consternado, coronado, costado, creado, cuajado, cuidado, crucificado, dado, decapitado, desenfrenado, delgado, delicado, desamparado, desangrado, desbordado, descuajado, deshabitado, desdichado, desesperado, desmayado, desmemoriado, desolado, despedazado, desplegado, despoblado, desposado, desterrado, desvelado, desviado, doblegado, echado, embrujado, emboscado, empedrado, emponzoñado, enamorado, enarenado, encallado, encarnado, encerrado, encontrado, engañado, enlazado, enlutado, enamorado, ensimismado, entusiasmado, entrado, entrelazado, escanciado, escriturado, estado, estriado, extremado, fatigado, fusilado, ganado, garabateado, germinado, gozado, grabado, grado, granado, habitado, hablado, helado, hollado, ignorado, iluminado, imaginado, indicado, inflado, inflamado, iniciado, irritado, insospechado, insultado, invocado, jaspeado, lado, lavado, levantado, liberado, libertado, limado, llegado, maltratado, mandado, marchitado, matado, matizado, mirado, mojado, mondado, morado, nacarado, nado, negado, notado, nublado, obligado, olvidado, ondulado, orillado, osado, pasado, pecado, pegado, penado, penetrado, pensado, perfumado, pertrechado, pesado, pescado, pintado, pisado, postrado, prado, procurado, quebrado, quemado, radiado, realizado, realzado, recado, recamado, regalado, respetado, reservado, retornado, retrasado, retratado, revelado, rodado, rosado, sagrado, salado, salpicado, sentado, sepultado, sobrado, soportado, sonrosado, soldado, soterrado, tejado, transformado, trastornado, trenzado, tirado, trocado, turbado, vado, vallado, vedado, venado, volado.

**ADRE-** comadre, compadre, madre, padre, taladre.

**AGIO-** adagio, trisagio.

**AGO-** apago, Cartago, halago, indago, pago, trago, vago.

**AGUA-** agua, fragua, jimagua, paragua, piragua.

**ACHA-** gacha, racha, tacha.

**AIRE-** aire, desaire, donaire.

**AJA-** alhaja, amortaja, baja, caja, desventaja, laja, migaja, mortaja, paja, raja, sonaja, trabaja.

**AJE-** barcaje, brebaje, celaje, encaje, coloniaje, cordaje, desgaje, follaje, homenaje, hospedaje, lenguaje, mensaje, oleaje, paisaje, pillaje, plumaje, ramaje, rebaje, ropaje, salvaje, tatuaje, traje, ultraje, vasallaje, viaje.

**AJO-** abajo, atajo, atrajo, badajo, bajo, debajo, trabajo, trajo, yerbajo.

**AL-** angelical, caudal, brutal, capital, cendal, cenital, cerebral, cristal, coral, cultural, equinoccial, escultural, fanal, frugal, frutal, general, global, gremial, ideal, igual, infernal, mal, manigual, marcial, matinal, memorial, mental, metal, mortal, natural, normal, oficial, ojal, pedregal, principal, platanal, portal, puñal, total, tropical, vegetal.

**ALA(S)-** alas, balas, cala, escalas, exhalas, gala, igualas, malas, palas, ralas, regala, resbalas, talas.

**ALDA-** espalda, esmeralda, espalda, falda, gualda, guirnalda.

**ALES-** breñales, boreales, campales, caudales, celestiales, cendales, corales, cristales, cañaverales, celestiales, coloniales, corales, chaparrales, desiguales, eternales, funerales, genitales, ideales, iguales, magistrales, males, manantiales, marginales, metales, modales, mortales, portales, provinciales, puñales, reales, rivales, rosales, sales, señales, sementales, tropicales, turpiales, umbrales, vales, vegetales, vesperales, virginales, vitrales.

**ALIA-** Italia, sandalia.

**ALMA-** alma, calma, palma.

**ALO-** escándalo, malo, palo, regalo, vándalo.

**ALTA-** alta, asalta, falta, resalta, salta.

**ALTO-** alto, asalto, basalto, salto, sobresalto.

**ALVA-** calva, malva.

**ALZA-** alza, descalza.

**ALLA-** amuralla, atalaya, batalla, calla, canalla, medalla, metralla, muralla, talla.

**ALLE-** calle, detalle, halle, talle, valle.

**ALLO-** caballo, callo, fallo, gallo, tallo.

**ALLAN-** hallan, callan, ensayan, estallan, hallan, tallan, vayan.

**AMA-** ama, cama, dama, derrama, embalsama, escama, fama, flama, grama, inflama, llama, rama, reclama, retama, oriflama, trama.

**AMAS-**.amas, derramas, embalsamas, llamas, tramas.

**AMAN-** aman, claman, derraman, embalsaman, llaman, traman.

**AMO-** amo, inflamo, ramo, tálamo.

**AMOS-** amos, álamos, besamos, callamos, enterramos, hablamos, ramos, tálamos, vamos.

**AN-** recortan, soportan.

**ÁN-** adán, ademán, afán, cantarán, dan, están, galán, huracán, imán, morirán, pan, perdonarán, regresarán, triunfarán, volcán, van.

**ANA-** campana, cana, caravana, cercana, cortesana, cotidiana, desgrana, diana, gana, grana, hermana, humana, lejana, liana, liviana llana, mana, manzana, mañana, mesana, porcelana, sabana, soberana, tarambana, temprana, tramontana, vana, veneciana, ventana.

**ANCA-** anca, arranca, blanca, franca, manca, palanca.

**ANCIA(S)-** ansia, arrogancia, distancia, elegancia, escancia, estancia, fragancia, ignorancia, infancia jactancia, instancia, Numancia, resonancia, vigilancia.

**ANCO-** arranco, banco, barranco, blanco, flanco, franco.

**ANCHA**- ancha, mancha.

**ANDA**- anda, baranda, canta, decanta, tanda.

**ANDO**- abrazando, ando, acabando, amando, amontonando, anudando, arrullando, abrazando, aspirando, bañando, batallando, blando, bramando, bogando, buscando, cantando, cavilando, cuando, dando, deshojando, enredando, entrando, forjando, girando, jugando, jugueteando, levantando, lidiando, llorando, mando, pasando, quedando, resonando, retumbando, sollozando, suspirando, temblando, trepando.

**ANES**- ademanes, afanes, caguairanes, caimanes, capitanes, zaguanes.

**ÁNICO**- pánico, vesánico.

**ANGO**- fango, rango.

**ANÍA**- conocía, desconocía, lejanía, sabía, lejanía.

**ANO**- americano, antemano, antillano, arcano, banano, cano, cercano, ciudadano, cotidiano, cubano, guano, gusano, hermano, hilvano, humano, insano, jamaicano, lejano, liviano, llano, mano, meridiano, norteamericano, océano, pagano, paisano, pantano, sano, temprano, tirano, urbano, vano, verano.

**ANSO**- canso, descanso, manso, remanso.

**ANTA**- adelanta, canta, danta, espanta, garganta, imanta, levanta, manta, planta, quebranta, santa, solivianta, suplanta, tanta.

**ANTAN**- adelantan, agigantan, encantan, cantan, levantan, quebrantan.

**ANTE**- aberrante, acompañante, adelante, agonizante, anhelante, amante, andante, antes, arrogante, bastante, batallante, beligerante, brillante, cabalgante, calmante, caminante, comandante, cantante, cante, circundante, confortante, consonante, constante, delante, deslumbrante, diamante, dibujante, distante, errante, espante, estante, extravagante, farsante, fragante, fulgurante, fulminante, flotante, galopante, gigante, humeante, humillante, importante, incesante, infante, inquietante, instante, levante, mercante, militante, murmurante, navegante, obstante, oficiante palpitante, perseverante, pujante, radiante rasante, rocinante, rodante, rozagante, rumiante, rutilante, sal picante, semblante, sextante, tambaleante, titilante, tremolante,  triunfante, vacilante, vigilante, volante.

**ÁNTICO-** cántico, romántico.

**ANTO-** amianto, canto, camposanto, desencanto, encanto, espanto, entretanto,  levanto, llanto, manto, planto, quebranto, santo,  tanto.

**ANZA-** abalanza, acechanza, añoranza, alcanza, alabanza, avanza, balanza, bonanza, confianza, chanza, danza, desconfianza, esperanza, lanza, lontananza, matanza, mudanza, ordenanza, romanza, sobre danza, tardanza, venganza.

**ANZO-** lanzo.

**AÑA-** alimaña,  araña, baña,  caña, enmaraña, entraña, España, extraña, maña, montaña, restaña, saña.

**AÑO-** año, baño, daño, desengaño, engaño, estaño, extraño, huraño, peldaño, rebaño.

**APA-** atrapa, mapa.

**APO-** gusarapo, sapo.

**AR-** acabar, altar, amar, andar, ahuyentar, alcanzar, aletear, apaisar,  aprisionar,  aspirar, atar, ayudar, besar, bienestar, borrar, calar, calentar, calmar, callar, caminar, cantar, casar, cazar, cesar, dar, deambular, dejar, despertar, disimular, ejemplar, enterrar, entrar, estar, estelar, estrenar, ganar, halar, jugar, libar, limpiar, lugar, llorar, maltratar, mar, naufragar, nevar, obsequiar, olvidar, paladar, par, pesar, prestar, pilar, pinar, pintar, pregonar, quedar,  quitar, robar,  soñar, solar, sollozar, suspirar, trasegar, vulgar.

**ARA-** ampara, cara, clara, contemplara, dispara, dispersara, llorara, mampara, rara, reinara, tiara,  revelara.

**ARÁN-** pasarán, perdonarán, regresarán.

**ARCA-** arca, barca, charca, patriarca, Petrarca.

**ARCO-** arco,  barco, charco, marco,  parco.

**ARDA-** acobarda, tarda.

**ARDE**- aguarde, alarde, arde, cobarde, guarde, tarde.

**ARDO**- bardo, dardo, guardo, leopardo,  nardo, pardo.

**ARE(S)**- almenares, altares, cantares, continuare, crepusculares, grave, hablare, luminares, mares, millares, naves, olivares, pesares, pilares, seculares.

**ARGA**- amarga, carga, larga.

**ARGO**- amargo, cargo, embargo,  largo, letargo.

**ARIAS**- extraordinarias, plegarias, solitarias, legendarias, varias, visionarias.

**ARIO**- abecedario, agrario, calvario, campanario, centenario, diario, estuario, expedicionario, funerario, imaginario, innecesario, lampadario, necesario, Rosario, sagrario, solidario, solitario,  sudario, vocabulario.

**ARMA**- alarma, arma.

**ARME**- amarme, aprovecharme, confiarme, congojarme, desarmarme, desilusionarme, despertarme, engañarme, figurarme, quejarme.

**ARO**- amparo,  claro, disparo, raro.

**ARON**- alejaron, caminaron, dejaron, hallaron, iniciaron, juraron, marcharon, perdonaron, regalaron.

**ARRAS**- garras, gabarras.

**ARSE**- acabarse, aferrarse, armarse, cebarse, conjurarse, contemplarse, darse, desnudarse, enlazarse, rasgarse.

**ARTE**- alcanzarte, amarte, aparte, arte, baluarte, besarte, brindarte, cantarte, darte, encontrarte,  endulzarte, estandarte, ilustrarte, inclinarte, marte, mirarte, parte, quemarte, recordarte,  traicionarte.

**ARRA**- agarra, cigarra, desgarra, guitarra, jarra,  parra.

**ARRO**- barro, guijarro.

**AS**- atrás, das, demás,  detrás, estás, jamás, más, serás, vas, vendrá.

**ASA-** abrasa, acompasa, amasa, arrasa, asa,  basa, brasa, casa, escasa, gasa masa, pasa, repasa, yaguasa.

**ASCA-** hojarasca, Nasca.

**ASCAN-** atascan, mascan.

**ASCO-** casco, damasco, fiasco, frasco, peñasco.

**ASMO-** espasmos, orgasmos.

**ASO-** acaso, caso,  fracaso, ocaso,  paso, raso, vaso.

**ASTA-** gasta, hasta,  subasta.

**ASTE-** bailaste, callaste, baste, contraste, empezaste, inventaste, jugaste, soñaste, tocaste, visitaste.

**ASTO-** engasto, pasto, vasto.

**ASTRO-** alabastro, astro, rastro.

**ATA-** desata,  escalinata,  escarlata,  catarata, corbata, dilata, gata, grata,  lata,  mulata, plata, retrata, sensata, serenata.

**ATE-** aguacate,  cate, combate, chocolate, disparate,  embate, late, quilate, vate.

**ÁTICO-** asiático, enigmático.

**ATO-** barato, desato, gato, ingrato, mandato, pato,  rato, recato, retrato, trato, zapato.

**AURO-** catauro, lauro, minotauro.

**AVA-** deprava, eslava, esclava.

**AVE-** ave,  clave, desclave, enclave,  grave, nave, llave, suave.

**AVO-** bravo, esclavo.

**AYA-** atarraya, gaya, guacamaya, pitahaya. playa, raya, vaya.

**AYO-** desmayo, mayo, rayo.

**AZ-** contumaz, faz,  montaraz, paz, voraz.

**AZA** -abraza, amenaza, braza, cachaza, caza, despedaza, desplaza, diabasa, raza, rechaza, taza, tenaza, torcaza, traza.

**AZO(S)-** abrazo, brazos, embarazo, fusilazos, pedazo, regazo, rechazo, latigazos, lazos.

# E

**É-** adoré, agrupé, canapé, continué, crié, cultivé, entré, en qué, diré, guardé, llegué, pasé, pie, ¿por qué? qué, té, tropecé, ve.

**EA-** alardea, arrodea, azotea, azulea, balancea, castañetea, centellea, cimbrea, clarea, crea, chispea, chisporrotea, dardea, febea, golpea, humea, idea, marea, ninfea, ondea, pelea, rodea, sea, serpentea, silabea, taconea, tintinea, vea.

**EBE-** bebe, breve, debe.

**EBLAS-** desamuebles, nieblas, tinieblas.

**EBLE-** endeble, mueble, pueble.

**EBO-** efebo, mancebo.

**EBRA-** cebra, celebra, hebra, quiebra.

**EBRE-** fiebre, liebre, orfebre.

**ECA-** manteca, reseca, seca.

**ECE(S)-** amanece, anochece, aparece, cuece, crece, desaparece, desvaneces, embellece, enmudece, ennoblece, escaseces, fallece, fenece, florece, juguetes heces, humedece, mece, niñeces, obedece, ofrece, oscurece, palacete, palidece, parece, permanece, veces.

**ECEN-** amanecen, anochecen, aparecen, crecen, desaparecen, desvanecen, embellecen, enmudecen, ennoblecen, estremecen, fallecen, fenecen, florecen, humedecen, mecen, obedecen, ofrecen, oscurecen, palidecen, parecen, permanecen.

**ECO-** eco, hueco, reseco.

**ECHA-**acecha, brecha, echa, flecha, hecha, mecha.

**ECHE-** escabeche, leche.

**ECHO-** acecho, barbecho, cosecho, echo, derecho, deshecho, despecho, estrecho, hecho, helecho, lecho, pecho, repecho, sospecho, pecho, techo, trecho.

**ED-** pared, red, sed.

**EDA-** arboleda, enredadera,  hereda, moneda, polvareda, pueda, queda, remeda, rueda, seda, rosaleda, veda, vereda.

**EDAD-** amistad, ansiedad, brevedad, claridad, ebriedad, edad, equidad, heredad, necedad, piedad, propiedad, soledad, sonoridad, unidad, verdad.

**EDAN-** quedan, remedan, ruedan.

**EDE-** cede, puede, ruede, sucede.

**EDIO-** medio, remedio, tedio.

**EDO-** cedo, concedo, dedo,  miedo, puedo, quedo, ruedo,  vedo.

**EDRA-** arredra, hiedra, medra,  piedra, yedra.

**EGA-** apega, brega, ciega, doblega, gallega,  griega, juega, llega, omega, pliega, riega.

**EGO-** andariego,  apego, brego, ciego, desasosiego, despego, despliego, ego,  entrego, espliego, fuego, juego, luego, llego, riego, sosiego,  trasiego.

**EGRA-** alegra, negra.

**EGRO-** alegro,  negro.

**EJA -**abeja, aconseja, aleja, ceja, compleja, corneja, deja, madeja, oreja, queja, reja, teja, vieja.

**EJAN-** alejan, dejan.

**EJO(S)-**catalejo, complejo, cortejo, dejo, espejo, entrecejo, lejos, perplejo, quejo, reflejos, viejo.

**EL-** aquel, canistel, cincel, coronel, cruel,  del, el, fiel, hotel, laurel, mantel, miel, papel, plantel, redondel.

**ELA(S)-** anhela, candela,  consuela, desconsuela, desvela, escuela, espuela, estela, gacela, hiela, novela, pela,  riela,  seda,  suela, revela, tela, vela, vuela.

**ELE(S)-** apeles, canceles, capiteles,  Cibeles, crueles, claveles, dinteles,  laureles, mieles, pieles, pinceles, revele, vuele.

**ELO-** abuelo,  anhelo, anzuelo,  arroyuelo, celo, cielo, consuelo, desconsuelo, desvelo, duelo, gemelo,  hielo, pañuelo, paralelo,  pelo, polluelo,  suelo, terciopelo, velo, vuelo, yelo.

**ELTA-** envuelta,  esbelta, revuelta, suelta.

**ELTO-** envuelto, suelto.

**ELVE-** devuelve, envuelve, resuelve, vuelve.

**ELLA-** aquella,  atropella, bella, doncella, estrella, ella,  huella, querella, sella.

**ELLO-** atropello, bello, cabello, cuello, degüello, destello,  sello, vello.

**EMA-** anatema, blasfema, extrema,  quema,  suprema, tema.

**EMBRA-** hembra, siembra.

**EMIO-** gremio, premio.

**EMO-** quemo, remo,  temo.

**EMPO-** destiempo, tiempo.

**EN-** conmueven,  llueven.

**ÉN-** bien, desdén, sien, tren, ven.

**ENA-** ajena, apena, arena, avena, azucena, buena, cadena, colmena, condena, encadena, escena,  faena, frena, hiena, llena, melena, morena, novena, pena, plena, serena, sirena, suena, truena, ultraterrena, vena, verbena, yerbabuena.

**ENCIA-**  abstinencia,  ausencia,  benevolencia,  ciencia  clemencia,  creencia, complacencia, conciencia, concurrencia, confidencia, creencia, demencia, diligencia, dolencia, eminencia, esencia, excelencia, existencia, evidencia, inconsciencia, inocencia, obediencia,  omnipotencia, paciencia, pertenencia, potencia, presencia, reminiscencia, sentencia,  somnolencia, subsistencia, transparencia, urgencia, violencia.

**ENCO-** cuenco, flamenco, penco.

**ENDA-** contienda, encomienda, hacienda, rienda, senda, tienda, venda, vivienda.

**ENDE-** atiende, comprende, defiende, desciende, desprende, emprende, enciende, entiende, hiende, ofende, tiende.

**ENDO-** amaneciendo, anocheciendo, aprendo, ardiendo, atuendo, cayendo, corriendo, creciendo, comprendo, cubriendo, descendiendo, esculpiendo, estruendo, gimiendo, huyendo, meciendo, mereciendo, moviendo, naciendo, oyendo, padeciendo, pudiendo, siendo, sufriendo, tiendo, viendo.

**ENE(S)-** bienes, detienes, retiene, sienes, sostiene, tienes, vienes.

**ENGO-** abolengo, sostengo, tengo, vengo.

**ENIO-** genio, milenio, proscenio.

**ENO-** ajeno, bueno, cieno, desordeno, freno, lleno, moreno, noveno, ordeno, pleno, seno, sereno, terreno, trueno, veneno.

**ENSA-** defensa, densa, dispensa, inmensa, intensa, piensa, recompensa, suspensa, tensa, trenza.

**ENSO-** descenso, incienso, inmenso, pienso.

**ENTA-** alienta, aposenta, enfrenta, comenta, corpulenta, cuenta, fermenta, lamenta, lenta, mienta, osamenta, polvorienta, presenta, revienta, sedienta, tienta, tormenta, turbulenta, violenta.

**ENTE-** adolescente, aguardiente, ambiente, ardiente, ausente, atrayente, batiente, blandamente, caliente, candente, ciertamente, clandestinamente, clemente, compasivamente, conducente, corriente, cuente, decadente, decente, desgraciadamente, diente, diferente, diligente, divinamente, doliente, dulcemente, enfrente, esplendente, eternamente, evanescente, evidente, esplendente, ferviente, febrilmente, floreciente, fluyente, frente, fuente, fulgente, gente, hirviente, humildemente, inclemente, indiferente, inexplicablemente, inminente, imponente, intensamente, inútilmente, irreverente, largamente, latente, libremente, lamente, largamente, luciente, mente, miente, misteriosamente, naciente, nuevamente, obediente, occidente, omnipotente, oriente, paciente, pariente, patente, pendiente, presente, poniente, puente, recipiente, relente, reluciente, repente, reverente, reviente, rugiente, siente, silente, solamente, sonriente, suavemente, suplente, transparente, tridente, tristemente, torrente, urgente, valiente, vehemente, viviente.

**ENTO-** acento, advenimiento, aliento, alimento, apagamiento, alzamiento, atento, aturdimiento, avariento, ciento, comento, condimento, contento, cuento, descontento, desplazamiento, discernimiento, elemento, enfrento, entendimiento, esperpento, fermento, firmamento, florecimiento, fundamento, hambriento, intento, invento, lamento, lento, llamamiento, macilento, miento, momento, monumento, movimiento, nacimiento, pavimento, pensamiento, presento, polvoriento, portento, resentimiento, reviento, sangriento, sargento, sediento, sentimiento, siento, sufrimiento, sustento, talento, tiento, tormento, turbulento, viento, violento, yacimiento.

**ENTOS-** la mayoría de estas terminaciones se pueden formar agregando a las palabras anteriores **S** al final.

**ENTRO-** adentro, entro, centro, dentro, encuentro.

**ENZA-** comienza, vergüenza.

**EÑA-** adueña, desdeña, enseña, cigüeña, diseña, dueña, halagüeña, ordeña, peña, risueña, sueña.

**EÑO-** ceño, desempeño, despeño, dueño, empeño, ensueño, halagüeño, norteño, pequeño, risueño, sueño.

**EO-** creo, deseo, empleo, europeo, merodeo, paseo, recreo, rodeo, veo, voleo.

**ER-** alfiler, amanecer, arder, atardecer, anochecer, ayer, crecer, creer, comer, conocer, correr, entender, envilecer, haber, leer, morder, mujer, oscurecer, placer, poder, querer, resolver, responder, saber, ser, temer, tener, ver, volver.

**ERA** acera, acelera, altera, arquera, atempera, austera, bandera, barrera, cabellera, cadera, carretera, cimera, compañera, considera, creyera, costurera, cualquiera, charretera, duradera, enredadera, entera, era, esfera espera, estuviera, fiera, fuera, gorguera, grosera, guayabera, guerrera, gusanera, hechicera, hiciera, hilera, hoguera, hubiera, jardinera, ladera, ligera, lisonjera, madera, madriguera, manera, marinera, mensajera, muera, muriera, nuera, ojera, palmera, pantera, pasajera, pera, postrera, pradera, primavera, primera, prisionera, placentera, quiera, quimera, refrigera, reluciera, reverbera, ribera, rindiera, rompiera, severa, tijera, trinchera, venidera, verdadera, viajera, vidriera, volviera, zalamera.

**ERBA-** yerba.

**ERDA-** cuerda, lerda, pierda, recuerda.

**ERDE-** muerde, pierde, recuerde, verde.

**ERDO-** pierdo, recuerdo.

**ERE(S)-** adhiere, alfileres, deberes, hiere, mercaderes, mueres, placeres, prefieres, poderes, prefiere, quiere.

**ÉREA-** etérea, funérea.

**ÉRICA-** américa, climatérica, homérica.

**ERIO-** cautiverio, imperio, misterio.

**ERMA-** enferma, duerma.

**ERME-** conocerme, duerme, inerme, perderme, valerme, verme.

**ERMO-** enfermo.

**ERNA-** caverna, cisterna, eterna, interna, inverna, linterna, pierna.

**ERNO-** averno, cuerno, eterno, falerno, gobierno, infierno, interno, invierno, tierno.

**ERNOS-** eternos, gobiernos, inviernos, tiernos.

**ERO-** acero, aguacero, alero, alfiletero, altanero, arquero, asidero, austero, ballestero, barquero, caballero, candelero, carnero, carnicero, carretero, cimero, compañero, consejero, desfiladero, dinero, embustero, empero, enero, entero, estero, estrellero, febrero, farolero, fiero, fuero, flechero, granadero, granero, habanero, hondero, jazminero, jilguero, joyero, ligero, lindero, lisonjero, lucero, minutero, misionero, molinero, montero, mortero, muero, obrero, otero, pampero, pasajero, primero, prisionero, postrero, potrero, quiero, recadero, relojero, sendero, severo, sincero, sombrero, ternero, testero, tintero, torero, uvero, venidero, ventisquero, verdadero, viajero.

**ERON**- dieron, prendieron, quisieron, vieron, vistieron.

**ERPE**- sierpe.

**ERSE**- crecerse, deshacerse, hacerse, mecerse, rejuvenecerse, recogerse.

**ERSO**- adverso, anverso, disperso, diverso, inmerso, perverso, reverso, terso, universo, verso.

**ERTA**- abierta, acierta, advierta, alerta, cierta, compuerta, cubierta, desacierta, desconcierta, desierta, despierta, incierta, muerta, puerta, yerta.

**ERTE**- acierte, advierte, beberte, comprenderte, concierte, convierte, despierte, fuerte, inerte, muerte, oscurecerte, perderte, poseerte, quererte, saberte, serte, suerte, tenerte, valerte, verte, vierte, volverte.

**ERTO**- abierto, acierto, advierto, cierto, cubierto, desacierto, desconcierto, descubierto, desierto, despierto, incierto, muerto, puerto, yerto.

**ERRA**- aferra, aterra, encierra, entierra, cierra, guerra, sierra, tierra, yerra.

**ERRO**- aterro, desentierro, destierro, hierro.

**ERVA**- Minerva, reserva.

**ERVO**- conservo, enervo, verbo

**ES**- aragonés, bauprés, después, envés, es, pies, través, res, revés, ves.

**ESA** -atraviesa, besa, cesa, confiesa, esa, espesa, expresa, fijeza, fresa, ilesa, mesa, pesa profesa, promesa, regresa, sorpresa, Teresa.

**ESCOS**- frescos, picarescos.

**ESES**- cipreses, reveses.

**ESO**- acceso, avieso, beso, confieso, embeleso, eso, espeso, exceso, hueso, ileso, inconfeso, opreso, peso, preso, progreso, regreso, suceso, travieso.

**ESTA**- apuesta, ballesta, cesta, cresta, cuesta, depuesta, dispuesta, esta, fiesta, funesta, gesta, honesta, molesta, presta, repuesta, resta, siesta, testa.

**ESTE**- acueste,  agreste, este, celeste, oeste.

**ESTO**- apuesto, cesto, depuesto, dispuesto, enhiesto, funesto, honesto, molesto,  presto, recuesto, resto.

**ESTRA**- extra, diestra,  siniestra.

**ESTRE**- pedestre,  rupestre, silvestre,  terrestre.

**ESTRO**- diestro, maestro, siniestro.

**ETA**- aprieta, asceta, baqueta, bicicleta, carreta, completa, grieta,  inquieta, interpreta, libreta, paleta,  pandereta, planeta,  poeta, profeta, respeta,  reta, saeta, secreta, silueta, sujeta, treta, trompeta, veleta, violeta, veta.

**ETE**- boquete, gabinete, gallardete,  juguete, mete, minarete.

**ETO**- amuleto, aprieto, cuarteto, discreto, esqueleto,  inquieto, objeto, quinteto, respeto, reto, secreto, soneto, sujeto,  terceto, veto.

**EVA**- Eva, eleva, lleva, nueva.

**EVE**- aleve, atreve, breve, debe, leve, llueve, mueve, nieve.

**EVO**- llevo, muevo,  nuevo, relevo,  renuevo.

**EY**- ley, rey.

**EYES**- leyes, reyes.

**EZ**- altivez, doblez,  pesantez, pez, tez, vez.

**EZA**- alteza, belleza, cabeza, certeza, corteza, destreza, empieza, extrañeza, fiereza, fortaleza,  grandeza,  llaneza,  maleza,  naturaleza,  nobleza,  pereza,  pureza,  realeza, riqueza,  tristeza.

**EZCO**- humedezco,  ofrezco, padezco.

# I

**Í-** advertí, alelí, allí, a mí, aquí, así, carmesí, cogí, colibrí, conocí, descubrí, escribí, frenesí, huí, mí, Naborí, pedí, resolví, salí, sentí, sí, ti, turquí, vi.

**ÍA-** afligía, agonía, alcanzaría, alegría, alferecía, algarabía, altanería, ambrosía, ansía, anunciaría, aparecía, ardía, armonía, atraía, bahía, borraría, bujía, caballería, cacería, caía, canturía, ceñiría, celosía, cobardía, compañía, confía, conocía, conseguía, contaduría, crecía, creía, cría, decía, desafía, desaparecía, descendía, deshacía, despedía, día, dormía, encajaría, energía, enfría, enfurecía, entreabría, epifanía, escribanía, estaría, estría, envía, existía, falsía, fantasía, filosofía, fotografía, fría, geometría, guía, habría, hervía, hundía, hundiría, impía, ironía, jauría, lejanía, letanía, manía, marinería, media, mediodía, melancolía, mía, mitología, monarquía, moría, nevería, obedecía, orgía, parecía, pedía, pedrería, perdía, peonía, poesía, ponía, porfía, pudría, quería, rebeldía, reía, repetía, resplandecía, rugía, sabía, sacudía, seguía, serventía, simetría, sangría, solía, sombría, sonreía, sostenía, temía, teoría, todavía, tiranía, umbría, utopía, vacía, vendría, venía, vertía vía, vivía.

**ÍAN-** crujían, decían, escribían, hacían, imprimían, lucían, morían, pretendían, querían, repetían, veían.

**IAS-** glorias, historias, memorias, parodias.

**IBA-** arriba, diatriba.

**IBE-** concibe, recibe.

**IBRE-** calibre, jengibre, libre, vibre.

**IBLE-** impasible, imposible, indivisible intangible, irresistible, insufrible, invisible, perfectible, posible, resistible, sensible, tangible, visible.

**IBO-** catibo, estribo.

**ÍBULO-** patíbulo, túbulo.

**ICE(S)-** cicatrices, dice, hechice, hice, maldices, narices, raíces.

**ICIA-** caricia, codicia, delicia, Nigricia, noticia.

**ICIO-** artificio, bullicio, codicio, edificio, ejercicio, indicio, inicio, oficio, quicio, sacrificio, vicio.

**ICO-** chico, perico, rico.

**ICA(S)-** adjudica, fortificas, mortificas, multiplica, predicas, ricas.

**ICHAS-** desdichas, dichas, susodichas.

**IERA-** conviniera, hechicera, prisionera.

**IDA-** abatida, aborrecida, adolorida, advertida, afligida, agradecida, anida, anochecida, apetecida, ardida, atrevida, avenida, bandida, brida, bruñida, caída, carcomida, cernida, comprimida, concedida, conducida, confundida, conmovida, comprometida, consumida, corrida, cosida, cumplida, defendida, derruida, desleída, despedida, desprendida, derretida, derruida, descolorida, destruida, desuncida, desvalida, desvanecida, desvestida, dormida, embravecida, enardecida, encendida, encogida, enfurecida, erigida, esclarecida, escogida, escondida, esculpida, esparcida, estampida, estremecida, extendida, extinguida, florecida, florida, fratricida, fundida, guarida, herida, homicida, huida, humedecida, ida, impedida, indefinida, medida, metida, mida, mordida, nacida, ofrecida, olvida, partida, perdida, pervertida, pida, podrida, prendida, presumida, prevenida, prohibida, pulida, querida, recogida, recorrida, regida, rendida, repartida, resistida, retenida, revestida, sacudida, salida, seguida, sentida, servida, sobrecogida, sostenida, sufrida, suicida, sumergida, suspendida, tejida, tendida, tenida, unida, urdida, vencida, vida.

**IDAD-** claridad, curiosidad, ebriedad, felicidad, humanidad, infelicidad, infidelidad, lealtad, necesidad, santidad, serenidad, sociedad, suavidad, vanidad, vecindad, verdad, voluptuosidad.

**IDAN-** convidan, cuidan.

**IDO-** abatido, aborrecido, adolorido, advertido, afligido, agradecido, alarido, anido, anochecido, apellido, apetecido, aplaudido, ardido, asido, atrevido, bandido, bebido, bramido, bruñido, caído, carcomido, cernido, comprimido, concedido, conducido, confundido, conmovido, conocido, consumido, contraído, corrido, cosido, concebido, convertido, cumplido, cupido, defendido, despedido, desprendido, derretido, derruido, destruido, desvalido, desvanecido, desvestido, distendido, dividido, dormido, embravecido, empedernido, enardecido, encendido, escondido, encogido, enfurecido, enriquecido, erguido, esclarecido, escondido, escogido, esculpido, esparcido, estremecido, extendido, extinguido, florecido, florido, fundido, gemido, graznido, habido, henchido, herido, huido, humedecido, ido, impedido, latido, lucido, marido, medido, metido, mordido, movido, nacido, nido, ofendido, ofrecido, oído, olvido, padecido, parecido, partido, perdido, podido, podrido, prohibido, pulido, querido, recogido, regruñido, recorrido, regido, rendido, retenido, revestido, rugido, ruido, sentido, servido, sido, sobrecogido, sonido, sostenido, sufrido, sumergido, suspendido, tejido, temido, tendido, tenido, uncido, unido, urdido, vencido, vestido.

**ÍES-** alhelíes, borceguíes, carmesíes, colibríes engríes, ríe, rubíes, sonríes.

**IGNO-** digno, maligno, signo.

**IGA-** amiga, bendiga, castiga, diga, enemiga, espiga, hormiga, liga, maldiga, mendiga, obliga, prodiga.

**IGO-** amigo, castigo, consigo, digo, enemigo, maldigo, mendigo, obligo, postigo, trigo.

**IGUA-** ambigua, antigua, atestigua, exigua, manigua, santigua.

**IGUO-** ambiguo, antiguo, atestiguo, enmaniguo, exiguo, santiguo.

**IJA-** alija, ensortija, fija, lagartija, lija, rija, sortija.

**IJO-** acertijo, colijo, cortijo, dijo, fijo, hijo, predijo.

**IL-** abril, albañil, candil, cantil, carril, gentil, perfil, pueril, reptil, sutil.

**ILA-** afila, asimila, clorofila, destila, encandila, fila, hila, lila, oscila, perfila, pila, pupila, tranquila, vigila.

**ILES-** abriles, juveniles, marfiles, perfiles, sutiles, viles.

**ILO-** cocodrilo, estilo, filo, hilo, Nilo, perfilo, sigilo, tranquilo, vigilo, vilo.

**ILLA-** acaudilla, amarilla, arcilla, arrodilla, astilla, avecilla, barbilla, brilla, campanilla, canilla, chiquilla, ensilla, escotilla, gavilla, humilla, manzanilla, maravilla, mejilla, mesilla, morcilla, orilla,  rencilla, rodilla, semilla, sencilla, sombrilla, tablilla, tarabilla, vajilla, vainilla, varilla.

**ILLO-** airecillo, amarillo, anillo, brillo, bolsillo, castillo, caudillo, cigarrillo, cintillo, grillo, hornillo, humillo,  ladrillo, membrillo, pestillo,  polvillo,  rodillo,  sencillo, trillo.

**IMA-** aproxima, cima, encima, enracima,  estima,  lastima, pantomima, prima,  rima.

**IME-** exime, gime, imprime, reprime, sublime.

**IMEN-** crimen, gimen.

**IMO(S)-** esculpimos, estuvimos, limo, mimo, pusimos, racimo, reprimo, vimos, vivimos.

**IN-** carmín, casaquín, clarín, esplín,  fin, hollín, jardín, jazmín, serafín, sinfín, tomeguín, violín, volatín.

**INA-** alpina, andina, argentina,  avecina, bailarina, bocina, bolina,  camina, campesina, cantina, cetrina, colina, contamina,  cristalina, culmina, determina, diamantina, disemina, divina, doctrina, empina, encamina, espina, esquina, fina, fulmina, germina, golondrina, harina, ilumina, imagina, inclina, machina,  margina, matutina, medicina, mezquina, mina, mortecina, neblina, ondina, opalina, origina, peregrina, rechina,  ruina, rutina, termina, vecina.

**INDO-** guindo, lindo, tamarindo.

**INES-** carmines, confines, delfines, jardines, jazmines, serafines, trajines,  violines.

**INO-** adivino, alabastrino, andino, anodino, asesino, blanquecino, camino, cetrino, clandestino,  camino, campesino, cristalino, desatino, destino, divino, fino, genuino, imagino, lino, luciferino, marino,  molino, padrino, peregrino, pino, pueblerino, purpurino, remolino,  repentino, rocino, salino, sino, submarino,  tino, torbellino trino, vecino,  vellocino, vespertino, vino, zaíno.

**IÑA-** niña, viña.

**IÑO-** ciño,  niño, riño, tiño.

**INTA-** cinta, distinta, pinta, quinta, tinta.

**INTO-** cinto, distinto,  laberinto, pinto, quinto, recinto,  tinto.

**IO-** alivio, anfibio, dominio.

**ÍO-** albedrío, ansío, bajío, bravío, brío, bohío, cabrío, confío, desafío,  desconfío, desvarío, desvío, estío, Dios mío, frío, hastío,  impío, lucerío, mío, navío, pedrerío, poderío, río, rocío, sombrío, tardío, trío,  umbrío, vacío.

**ION-** canción, corazón, emoción, difracción, extensión, imprecación, maldición, oración, posición, rebelión, revolución, traición.

**IOS-** adiós, Dios, recibió, volvió.

**IPSIS-** apocalipsis, elipsis.

**IR-** admitir, escribir, existir, decir, dormir, ir, latir, lucir, morir, oír, partir, porvenir, relucir, reprimir, resumir, seguir, sentir, sonreír, subir, sufrir, unir, vestir, vivir.

**IRA-** admira, aspira, cachemira, expira, gira, guajira,  ira,  lira, mentira, mira, respira, retira, suspira, tira.

**ÍRICA-** empírica, lírica, satírica.

**IRLO-** confundirlo, prohibirlo.

**IRO-** admiro, aspiro, deliro,  giro, miro, suspiro, retiro, zafiro.

**IRME-** cubrirme,  firme, irme, sentirme, unirme.

**IRSE-** abrirse, arrepentirse, asirse, irse, morirse, resistirse.

**IS-** gris, país.

**ISA-** avisa, brisa, camisa, canoniza, cornisa,  desliza, divisa,  fertiliza, imprecisa, insumisa, lisa, misa, Narcisa,  prisa, risa, sonrisa.

**ISCO-** aprisco, disco, lentisco, levantisco, mordisco.

**ISMA-** carisma,  misma, prisma, sofisma.

**ISMO-** abismo, cataclismo, estrabismo,  mismo, simbolismo,  sismo.

**ISO-** paraíso, permiso, quiso.

**ISTE-** abriste, caíste, descendiste, diste, embiste, existe, fuiste, mereciste, moriste, persiste, quisiste, recibiste, repetiste, resiste, sentiste, triste, viniste, viste.

**ÍSTICA-** artística, cabalística, eucarística, mística.

**ISTO-** Cristo, desprovisto, insisto, listo, visto.

**ITA-** acredita, Afrodita, agita, amerita, bendita, bonita, Caperucita, cita, concita, dormita, excita, exquisita, florecita, gravita, grita, habita, imita, infinita, invita, limita, margarita, marchita, medita, palpita, resucita, tempranita, transita, vomita.

**ITE-** agite, escondite, evite, convite, invite, palpite.

**ITO-** ahíto, agito, amerito, apetito, arroyito, cabrito, caimito, circuito, deposito, distrito, exquisito, escrito, granito, grito, habito, hito, inaudito, inscrito, infinito, maldito, manuscrito, medito, palpito, pito, quito, solicito.

**IVA-** activa, altiva, cautiva, conflictiva, contemplativa, exclusiva, explosiva, rediviva, fugitiva, incomprensiva, instintiva, lasciva, ojiva, oliva, pasiva, perspectiva, saliva, sensitiva, sucesiva viva.

**IVE-** aljibe, vive.

**IVO-** activo, aflictivo, altivo, cautivo, cultivo, esquivo, estribo, expresivo, fugitivo, germinativo, lascivo, meditativo, olivo, pasivo, punitivo, primitivo, sensitivo, superlativo, sustantivo, tiovivo, vivo.

**IZ-** desliz, feliz, matiz, matriz, meretriz, raíz, tapiz.

**IZA-** agoniza, bautiza, ceniza, desliza, fanatiza, fertiliza, inmoviliza, moviliza, tamiza, paraliza, plomiza, rojiza.

**IZO-** agonizo, bautizo, cobertizo, enfermizo, hechizo, movilizo, tamizo, paralizo, rizos, rojizo, saledizo.

# O

**Ó-** echó, no, presintió, logró, probó, retornó, salió, tembló, yo, vio.

**OBA-** boba, escoba, joroba, loba, roba.

**OBLA-** dobla, redobla.

**OBRA-**.cobra, zozobra.

**OBRE-** obre, cobre, pobre, salobre, sobre.

**OCA-** aloca, boca, coloca, choca, desboca, invoca, loca, provoca, roca, sofoca, toca, troca.

**OCE(S)-** goces, precoces, reconoce, veloces, voces.

**OCHE-** anoche, broche, coche, derroche, noche, reproche.

**ODA-**acomoda, poda, toda.

**ODO-** acomodo, codo, lodo, modo, recodo, todo.

**OGAN-** dialogan, interrogan.

**OGO-** desahogo, rogo.

**OJA-** afloja, aloja, antoja, arroja, coja, congoja, deshoja, despoja, floja, hoja, moja, paradoja, roja.

**OJAS-** alojas arrojas, desalojas, deshojas, hojas, flojas, paradojas, rojas.

**OJOS-** abrojos, arrojo, cerrojos, corojos, enojos, escojo, ojos, rastrojos, rojos, sonrojos.

**OL-** arrebol, español, quitasol, rol, sol.

**OLA-** acrisola, amapola, aureola, banderola, bola, caracola, corola, cola, enarbola, escayola, española, ola, sola.

**OLLA-** criolla, desarrolla.

**OMA(S)-** aromas, asoma, axiomas,  diplomas, doma, Fantomas,  goma, hematomas, lomas, palomas, policroma. poma, redoma, roma, toma.

**OMO-** asomo, como, domo, lomo, palomo, tomo.

**OMBRA-** alfombra, asombra, nombra, renombra,  sombra.

**OMBRE-** asombre, hombre, nombre, renombre.

**OMBRO(S)-** escombros, hombros.

**ON-** acordeón, alón, aluvión, aparición, balcón,  bofetón, borrón, bufón, canción, cañón, capón, carbón, compasión, comunión, contestación, conversación,  corazón, decepción difracción, dilación, ecuación, emoción, estación, expedición, explicación, explosión, expresión,  extensión,  garzón,  ilusión,  imaginación intención,  marañón,  marrón, maldición,  malecón,  mantón,  negación,  nubarrón,  ocasión,  oración, pabellón, perversión, plantón, población, portón, precipitación, propagación, provisión, razón, rebelión, redención, región, resurrección, rincón, salón,  sillón, son,  tendón, timón, turbión, unión, visión.

**ONA-** apisona, corona, detona, leona, matrona, persona,  pregona, sanciona, tajona, zona.

**ONCO-** bronco, tronco.

**ONDA-** blonda, fronda, honda, onda, oronda, redonda, responda, ronda, rotonda.

**ONDE-** esconde, donde, responde.

**ONDO-** escondo,  hondo, Macondo orondo, redondo.

**ONES-** acciones,  balcones,  bribones,  bridones,  bufones,  canciones,  ciclones, corazones, criticones, conversaciones, corazones, escuadrones, estaciones, estimaciones, evasiones, festones, gorriones, ilusiones, impresiones, libaciones, millones, misiones, nociones, oraciones, pabellones, pasiones, pezones, piñones, rincones, sensaciones, sinrazones,  socavones, soplones, suposiciones, tacones, terrones, tribulaciones.

**ONGA-** conga,  ponga, prolonga, tonga.

**ONIA-** ceremonia, parsimonia.

**ONÍA-** agonía, felonía, melancolía.

**ONO-** abono, trono.

**ONTE(S)-** horizontes, montes, sinsonte.

**ONTO-** monto,  pronto, remonto, tramonto, tonto.

**OÑO-** otoño, retoño.

**ÓPICO-** trópico, utópico.

**OPLA-** copla, sopla.

**OQUE-** bloque, derroque.

**OR-** amador,  amor, ardor, calor, cantor color, descubridor,  doctor, dolor, engañador, escanciador, escultor, estertor, fervor, flor,  fragor, fulgor, hacedor, hedor,  herrador, honor,  interior, labor, licor, mayor,  mejor, negror, pintor, pudor, remador, rencor, rigor, rimador, ruiseñor, rumor, sabor, servidor, similor, soñador, sudor, surtidor, tambor, temblor,  tentador,  vapor.

**ORA-** adora, abrasadora, agotadora, ahora, anuladora, aurora, asoladora, atesora, azora, bramadora,  bullidora, colora, consoladora, cosechadora, decora, delatora, deshora, destructora, devora, devoradora, dora elabora, evocadora, hora, implora, incolora, incorpora, labradora, llora, mora, parladora, plantadora,  pastora, pobladora, prora, Señora, sonora, traidora, vencedora, vertebradora, voladora.

**ORRA-** borra, camorra, zorra.

**ORBE-** absorbe, encorve, orbe.

**ORDO-** abordo, bordo, sordo.

**OREN-** oren, lloren.

**ORES-** albores, amores, ardores, bramadores, cegadores, colores, corredores, dolores, embajadores, esplendores, favores, flores, fulgores, heridores, incitadores, labores, labradores, lloradores, llores, menores, miradores, olores, pasadores, pobladores, rigores, rumores, soñadores, surtidores, temores, traidores, triunfadores, torcedores, verdores.

**ORIA-** desmemoria, gloria, historia, ilusoria, memoria, migratoria, transitoria, trayectoria, victoria.

**ORMA-** forma, norma.

**ORME-** enorme, disforme.

**ORNO-** adorno,  contorno, retorno, torno.

**ORO-** adoro, ancoro, azoro, coro, decoro, demoro, devoro, doro, ignoro, imploro, lloro, moro, oro, poro, sicomoro, sonoro, tesoro, toro.

**ORTA-** conforta, corta, reporta, soporta.

**OS-** bardos, nardos.

**ÓS-** adiós, Dios, dos.

**OSA-** airosa, abundosa, acuciosa, achacosa, afanosa, agenciosa, airosa, alevosa amorosa, anchurosa, animosa, ansiosa, armoniosa, azarosa,  azulosa, borrascosa, borrosa, bulliciosa, calurosa, caudalosa, cautelosa, candorosa, caliginosa, cariñosa, ceremoniosa, cosa, deliciosa,  dichosa, diosa, dolorosa, espaciosa,  espantosa, esposa, espumosa, fervorosa, fosa, frondosa, generosa, gozosa, graciosa, granujosa, glosa, herbosa, hermosa, ignominiosa, impetuosa, laboriosa, luminosa, majestuosa, maliciosa, maravillosa, mariposa, milagrosa, misteriosa, mohosa, nerviosa, numerosa, odiosa, olorosa, ondosa, orgullosa, osa, pedregosa, piadosa, posa, poderosa, preciosa, primorosa, prodigiosa, prosa, provechosa, quejosa, querellosa, querenciosa, radiosa, reposa, respetuosa, rosa, rumorosa, sabrosa, silenciosa, suntuosa, sustanciosa, temblorosa, temerosa, vaporosa, venturosa,  vigorosa, voluptuosa.

**OSIS-** apoteosis, neurosis.

**OSO-** airoso, acucioso, achacoso, afanoso, agencioso, airoso, alevoso, amoroso, animoso, ansioso, armonioso, asombroso,  azuloso, bullicioso, caudaloso, cauteloso, candoroso, cariñoso, ceremonioso, delicioso, doloroso, espacioso, espantoso, esposo, espumoso, fervoroso, frondoso, generoso, gozoso, gracioso, granujoso, hermoso, ignominioso, impetuoso, laborioso, luminoso, majestuoso, malicioso, milagroso, misterioso, mohoso, nervioso, numeroso, odioso, oloroso, orgulloso, oso, pedregoso, piadoso,  , poderoso, primoroso, prodigioso, provechoso, quejoso, querelloso, querencioso, reposo, respetuoso, sabroso, silencioso, suntuoso, sustancioso, tembloroso, temeroso, vaporoso, venturoso, vigoroso, voluptuoso.

**OTA-** agota, bota, brota, denota, gaviota, gota, nota, patriota, rebota, rota.

**OTAN-** alborotan, azotan.

**OTE-** azote, bigote, brote, dote, escote, Quijote, mote.

**OSTA(S)-** agosta, costas, langostas.

**OTO-** ignoto, remoto, roto, voto.

**OTROS-** otros, potros, nosotros.

**OY-** doy, estoy, hoy, soy, voy.

**OYA-** apoya, joya.

**OZ-** atroz, feroz, veloz, voz.

**OZA-** carroza, retoza.

**OZO-** alborozo, bozo, calabozo, gozo, mozo, perezoso, pozo, sollozo.

# U

**UBA-** Cuba, incuba, suba.

**UBE-** nube, sube.

**UCE-** induce, produce.

**UCHAS-** duchas, escuchas, luchas, muchas.

**UCHO(S)-** cartuchos,  muchos.

**UD-** esclavitud, laúd,  latitud, lentitud, negritud,  plenitud, salud, talud, virtud.

**UDA-** acuda, anuda,  ayuda, cruda, desnuda, duda, escuda, exuda, muda, ruda, saluda.

**UDES-** latitudes, vicisitudes, virtudes.

**UDEZ-** desnudez, mudez, nuez.

**UDO-** anudo, ayudo, copudo, crudo, desnudo, escudo, espinudo, menudo,  mudo, nudo, pudo,  rudo, semidesnudo.

**UDRA-** pudra.

**UGO-** Hugo, yugo, plugo,  verdugo.

**UJA-** bruja, -burbuja,  empuja.

**UJE-** cruje, ruje.

**UJO-** condujo, dibujo, influjo, lujo.

**UL-** abedul, azul.

**ULES-** azules, abedules.

**ULSO-** compulso, impulso, pulso.

**ULTA-** culta, inculta, insulta, multa, oculta.

**ULTO-** bulto,  culto, inculto, insulto, oculto, tumulto.

**ULLA-** aúlla, aleluya, murmulla.

**ULLO-** capullo, cuyo, orgullo, suyo, tuyo.

**UMA-** bruma, consuma, espuma, pluma, rezuma, suma, yagruma.

**UMEN-** esfumen, numen, resumen.

**UMBA-** derrumba, sucumba, tumba, ultratumba, zumba.

**UMBRA-** acostumbra, alumbra, encumbra, penumbra, vislumbra.

**UMBRE-** alumbre, costumbre, cumbre, encumbre, herrumbre, incertidumbre, lumbre mansedumbre, muchedumbre, relumbre, servidumbre, techumbre.

**UMO-** humo, sumo, zumo.

**UNA-** alguna, bruna, cuna, fortuna, importuna, laguna, luna, ninguna, oportuna, tribuna, una.

**UNCA-** nunca, trunca.

**UNDA-** abunda, barahúnda, inunda, rubicunda.

**UNDE-** confunde, difunde.

**UNDO-** desenfundo, errabundo, fecundo, furibundo, hundo, inmundo, iracundo, jocundo, meditabundo, moribundo, mundo, profundo, rotundo, rubicundo, segundo, vagabundo.

**UNIO-** infortunio, junio.

**UNO-** inoportuno, uno, ninguno.

**UNTA-** apunta, contrapunta, junta, pregunta, punta.

**UNTO-** asunto, cejijunto, conjunto, contrapunto, difunto, junto, pregunto, presunto, punto, trasunto.

**UÑE-** bruñe, gruñe.

**UÑO-** puño, terruño.

**URA-** agricultura, albura, altura, amargura, angostura,  apertura, apura, aradura, arboladura, armadura, arquitectura, asegura, augura, aventura, basura, blancura, bravura, calentura, cerradura, cintura, clausura, colgadura. conjetura, cordura, cultura, curvatura, desembocadura, deshojadura, desmesura,  desventura, dulzura, dura, escritura, escultura, espesura, estatura, envoltura, frescura, figura, fisura, fulgura, futura,  hendidura, hermosura, holgura, hondura, impura, inaugura, insegura, juntura,  jura, lectura, ligadura, locura, llanura, madura,  mesura, moldura, montura, natura, negrura, nervadura, oscura, pura, perdura, pintura, postura, premura, procura, pura, quebradura, segura, sepultura, ternura, transfigura, tristura, ventura, vestidura, voladura.

**URIA-** espuria, injuria.

**URIO-** augurio, mercurio, refugio.

**URNO-** nocturno, Saturno,  taciturno, turno.

**URO-** apuro, aseguro, conjuro, duro, figuro, futuro,  impuro, inauguro, inseguro, juro, maduro,  muro, oscuro, perduro, procuro, puro, seguro, tan duro,  transfiguro, aventuro,

**USA-** acusa, intrusa, usa, blusa, confusa, musa, rehúsa.

**USCA-**busca,  brusca, ofusca.

**USCO-** busco, brusco.

**ÚSCULOS-** crepúsculos, músculos.

**URSO-** curso, transcurso.

**USO-** confuso, rehúso.

**USTA-** adusta, ajusta,  augusta, desajusta, injusta, justa, robusta.

**USTIA(S)-** angustia, mustias.

**USTO-** ajusto, gusto, injusto,  justo, robusto.

**UTA-** enjuta, bruta, disfruta,  disputa, fruta, gruta,  puta, repercuta, ruta.

**UTO-** absoluto, bruto,  fruto,  hirsuto, impoluto,  luto, minuto.

**UVA-** uva, cuba.

**UVE-** anduve, contuve, tuve, nube.

**UVIA-** diluvia, lluvia.

**UYE-** fluye, huye, reconstruye.

**UZ-** andaluz, arcabuz, capuz, cruz,  luz, trasluz.

**UZA-** cruza, lechuza, merluza.

## BIBLIOGRAFÍA


 Más de 5000 palabras han sido registradas en el presente diccionario, recopiladas de los siguientes libros de poesía:

Yánez, Mirtha, Antología del Soneto Hispanoamericano. Ed. Arte y Literatura, 2021.

Manzano, Roberto, El Racimo y la Estrella. Ed. Unión, 2002.

Pérez, Roberto, Una Fiesta innombrable. Ed. Unión, 2010.

Oliver, Carilda, Al Sur de mi garganta. Ed. Matanzas, 2009.

Alberti, Rafael, El Amor y los Ángeles. Ed. Instituto cubano del libro, 2009.

Mangly, Merari, Toda Luz, décima escrita espirituana, Ed. Luminaria, 2014.

# ÍNDICE

# A

# E



# I

# O

# U

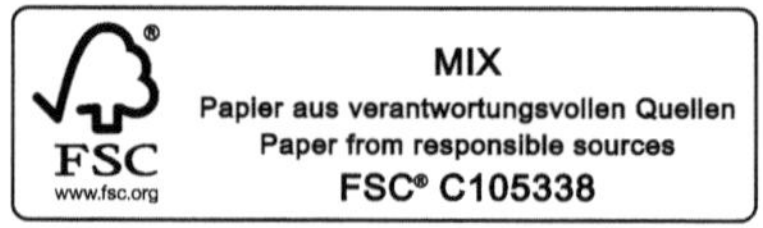

Printed by Books on Demand GmbH, Norderstedt / Germany